GUÍA DE BOLSILLO

W9-CFK-222

Para **CONTROLAR** la
DIABETES CAMINANDO

... y estar en forma

Para **CONTROLAR** la **DIABETES CAMINANDO**
... y estar en forma

Con pautas alimenticias
y programas de entrenamiento

Fe Robles
Kika Escobar
Rosa María Pérez

TUTOR

Editor: David Domingo

Coordinación editorial: Lorenzo Sáenz

© 2009 by Feliciana Robles, María del Carmen Escobar y Rosa María Pérez
© 2009 by Ediciones Tutor, S.A.
  Marqués de Urquijo, 34. 28008 Madrid
  Tel.: 91 559 98 32. Fax: 91 541 02 35
  E-mail: info@edicionestutor.com
  www.edicionestutor.com

Socio fundador de la
World Sports Publishers' Association
(WSPA)

Fotografías cedidas por las autoras
Diseño de cubierta: José María Alcoceba

ISBN: 978-84-7902-791-9
Depósito Legal: M-41.225-2009
Impreso en Gráficas COFAS
Impreso en España – *Printed in Spain*

ÍNDICE

INTRODUCCIÓN

Si le han diagnosticado diabetes, o conoce a alguien que le importa y que tiene esa enfermedad, adquirir esta guía es una decisión excelente.

En primer lugar porque aprenderá que con una alimentación adecuada, siguiendo los consejos y prescripciones de su médico, y una actividad física cotidiana, puede llevar una vida completamente normal.

¿Cómo lograrlo? Es sencillo: estableciendo el grado de actividad que usted necesite, que dependerá de la capacidad física que tenga (irá aumentando con el entrenamiento) y del tipo de diabetes.

Esta guía también le informa sobre los riesgos que conlleva la realización de ejercicio físico para personas con esta dolencia –aunque existen, se dará cuenta de que no son un impedimento para practicar una actividad física con normalidad– y además le decimos cómo prevenir problemas de hipoglucemia y cualquier otro que pudiera aparecer.

Si su diabetes está relacionada con el sobrepeso, la práctica de actividad física diaria y los consejos sobre alimentación serán grandes aliados para bajar de peso y, en consecuencia, mejorar su organismo en general, y la diabetes que padece en particular.

La propuesta que le hacemos es sencilla: incorporar la caminata deportiva diaria a sus hábitos de vida. Caminar es una actividad física altamente recomenda desde todos los estamentos y a todos los niveles, ya que es barata, se puede realizar a cualquier hora, y con cualquier edad, y en lugares de lo más diversos.

La caminata también es un deporte, por ello tiene unas necesidades mínimas y sobre todo requiere una mentalización adecuada por parte de quien la practica –sobre su continuidad y la importancia de ser constantes– y no infravalorarla porque requiera a priori poco esfuerzo físico.

Se dará cuenta de que dentro de las caminatas hay diferentes niveles de esfuerzo; sabrá cómo medir ese esfuerzo y a qué nivel necesita trabajar para conseguir objetivos como rebajar peso.

También le informaremos sobre la equipación idónea para practicar este deporte (incluso teniendo en cuenta el clima), el horario aconsejado (dependerá en cierta medida de sus horas de ingesta de insulina, si es que se medica), la frecuencia idónea de su práctica y el cuidado de los pies, factor extremadamente importante en personas con diabetes.

Le felicitamos por el paso que ha dado al adquirir esta guía, y le animamos a realizar actividad física cotidiana, para lo cual le serán muy útiles nuestros consejos.

No pasará mucho tiempo hasta que usted empiece a notar los enormes beneficios de la actividad física en general y, cómo no, de la caminata deportiva en particular.

CONOCER LA DIABETES

CÓMO SE DETERMINA LA EXISTENCIA DE DIABETES MELLITUS

La Diabetes Mellitus (DM) agrupa un grupo de trastornos metabólicos frecuentes que comparten una manifestación: la hiperglucemia –la elevada glucosa o azúcar en sangre–. Se considera que una persona padece hiperglucemia cuando su nivel de azúcar en sangre está por encima de 11,1 mmol/L (126 mg/100 ml) en ayunas (ausencia de ingestión calórica en las últimas 8 horas).

La DM puede ser de tipo 1, o insulinodependiente, y de tipo 2, no insulinodependiente. A diferencia de la DM tipo 2, es raro que alguien con DM tipo 1 tenga un periodo largo de hiperglucemia sin que se le diagnostique.

Para detectar la DM tipo 2 se recomienda el uso generalizado de la detección de glucosa en sangre en ayunas, porque:

- Hay personas diabéticas que no tienen síntomas y, por tanto, no se percatan de que sufren la enfermedad.

- Hay estudios que sugieren que se puede padecer esta enfermedad desde diez años antes de que se llegue a diagnosticar.
- La mitad de los diabéticos tienen una o más complicaciones específicas de la propia enfermedad en el momento de ser diagnosticada.
- Un tratamiento a tiempo puede alterar favorablemente la evolución natural de esta enfermedad.

La Asociación Americana de Diabetes recomienda examinar a todas las personas mayores de 45 años de edad cada tres años, y hacerlo a todas aquéllas que tienen factores de riesgo adicionales para padecer DM tipo 2 a edad más temprana.

Esos factores de riesgo son:
- antecedentes familiares de DM,
- obesidad,
- inactividad física habitual,
- TA igual o mayor que 140/90 mmHg,
- colesterol o triglicéridos elevados,
- síndrome de ovario poliquístico o *acantosis nigricans*,
- antecedentes de enfermedad vascular,

- antecedentes de diabetes gestacional o parto de un niño que haya pesado más de 4 kg,
- trastorno de la glucosa en ayunas o trastornos de la tolerancia a la glucosa previamente identificados.

Los síntomas o señales de alerta para pensar que existe hiperglucemia son:
- ganas de orinar con frecuencia y micciones muy largas (poliuria),
- mucha hambre (polifagia),
- mucha sed (polidipsia),
- fatiga,
- olor a acetona en la orina,
- aliento con olor a acetona (halitosis cetósica).

Criterios diagnósticos de la DM:
- Síntomas de diabetes más glucosa en sangre al azar ≥11,1 mmol/L (200 mg/100 ml), o bien
- Glucosa en sangre en ayunas ≥7 mmol/L (126 mg/100 ml), o bien
- Glucosa en sangre a las 2h ≥11,1 mmol/L (200 mg/100 ml) durante una prueba de tolerancia a la glucosa.

Sólo un médico puede confirmar el diagnóstico.

Tipos de Diabetes Mellitus

Debido a una complicada interacción entre la genética, los factores ambientales y los hábitos que adquirimos en la vida, podemos clasificar a la DM en varios tipos.

Dependiendo de la causa de la DM, varían los factores que favorecen el aumento de glucosa en sangre:
● Descenso del consumo de glucosa.
● Descenso de la secreción de insulina.
● Aumento de la producción de glucosa.

La DM se clasifica según el proceso que cause la hiperglucemia, junto con criterios como la edad de inicio de la enfermedad o el tipo de tratamiento que requiera.

Existen dos categorías amplias, ya citadas, de la DM denominadas tipo 1 y tipo 2.
● En la DM tipo 1 hay deficiencia de insulina.
● En la DM tipo 2 hay resistencia a la insulina, alteración en su secreción y aumento de su producción.

En la DM tipo 1A se da un proceso de destrucción autoinmunitaria de las células beta pancreáticas productoras de insulina y, aunque se desarrolla más frecuentemente antes de los 30 años, puede producirse a cualquier edad. En la DM tipo 1B se desconoce la causa (idiopática).

La edad ha dejado de utilizarse como criterio a la hora de clasificar los tipos de DM. Aunque la DM tipo 2 se da más frecuentemente a mayor edad, el aumento de la obesidad infantil ha disparado los casos en adolescentes. Globalmente, la DM tipo 2 representa entre el 80 y el 90 por ciento o más de todos los casos de diabetes.

Existen otros muchos tipos de DM provocados por defectos genéticos, enfermedades del páncreas exocrino, enfermedades endocrinas, inducidas por fármacos o agentes químicos, infecciones, embarazo, etc.

La prevalencia mundial de la DM se ha incrementado de manera impresionante durante los últimos veinte años. Actualmente, la prevalencia general de la diabetes tiene características de pandemia, con una cifra estimada de casos conocidos en el mundo de 130 millones en el año 2000, y se prevé que en el año 2025 los casos se acerquen a los 300 millones. En España significarían unos 4 millones de supuestos diabéticos, y puede que más de 1 millón de estos casos sean estrictamente insulinodependientes del tipo 1.

Se espera que la DM tipo 2 crezca con mayor rapidez en el futuro debido al aumento de la obesidad y a la reducción de la actividad física.

La frecuencia de la DM aumenta con la edad. Los individuos con trastorno de la glucosa en ayunas o trastorno de la tolerancia a la glucosa presentan un riesgo considerable de desarrollar la DM tipo 2 (40% de riesgo durante los próximos cinco años) y la enfermedad cardiovascular.

La mejor manera de saber si se tiene diabetes, antes incluso de que manifieste la enfermedad, es decir, de que aparezca algún síntoma, es hacerse una analítica para determinar la glucosa en sangre en ayunas (no comer en las 8 horas previas).

Independientemente de si se ha comido o no antes, un análisis que determine una glucosa igual o por encima de 11,1 mmol/L (200 mg/100 ml), y que además se presenten los síntomas clásicos (orinar mucho y frecuentemente, perder peso, beber mucha agua...), será suficiente para determinar que se tiene diabetes.

Debido a las implicaciones derivadas, antes de establecer un diagnóstico definitivo de la DM deben persistir las anormalidades indicadas de diabetes en estudios repetidos, a menos

Diferencias al inicio o en el momento del diagnóstico		
Característica	Diabetes tipo 1	Diabetes tipo 2
Edad de aparición	Generalmente antes de los 30 años	Generalmente después de los 30 años
Sexo	Predomina en varones	Predomina en mujeres
Forma de inicio	Brusca	Progresiva y lenta
Índice de masa corporal	Normal	Aumentado, frecuente la obesidad
Reserva pancreática	Muy poca o nula	Normal o aumentada
Dependencia de la insulina	Sí	No, por lo menos en los primeros años
Factor inmunológico (anticuerpos al inicio)	Presentes	Ausentes
Herencia familiar	En algunos casos	Casi siempre
Concordancia entre hermanos gemelos	Menos del 50% de los casos	Más del 95% de los casos
Asociación con otras enfermedades	Raramente	Con mucha frecuencia

que la concentración plasmática de glucosa sea notablemente elevada o se tengan trastornos metabólicos agudos.

Dado que la DM tipo 2 va precedida de un período de trastorno de la glucosa en ayunas, es importante adoptar diversas modificaciones del modo de vida (iniciar ejercicio físico en personas sedentarias), así como valorar la administración de fármacos que impidan o retrasen el inicio de la enfermedad.

Se ha demostrado, en programas de prevención, que los cambios intensivos en el modo de vida (dieta y ejercicio entre 45 y 55 minutos al día cinco veces a la semana) de las personas con trastorno de la glucosa en ayunas previno o retrasó el desarrollo de la DM tipo 2 hasta en el 58% de los casos, en comparación con las personas que no asumen esos cambios de vida, independientemente del sexo o la edad que tenían esas personas. Quienes durante tres años asumieron esos cambios de vida, perdieron del 5 al 7% del peso corporal.

Así pues, a las personas con antecedentes familiares, a quienes tengan riesgo de desarrollar DM y a aquéllas que presenten trastorno de la glucosa en ayunas o trastorno de la tolerancia, debemos estimularlas con firmeza a que conserven un índice de masa muscular normal e incorporen actividad física regular a sus hábitos de vida.

Todos debemos educarnos en la salud, con el fin de ser cada vez más conscientes y responsables de nuestro autocuidado.

Es importante tratar la DM para prevenir sus complicaciones crónicas, dado que éstas afectan a muchos sistemas de nuestro organismo. Estas complicaciones crónicas pueden ser vasculares y no vasculares.

Las **complicaciones vasculares** se subdividen en *microangiopatía*, cuando se afectan los pequeños vasos causando daño en los riñones, en el sistema nervioso y en la retina (nefropatía, neuropatía y retinopatía), y en *macroangiopatía*, cuando se afectan los grandes vasos que irrigan el cerebro, las extremidades y el corazón (enfermedad cerebrovascular, enfermedad vascular periférica y cardiopatía isquémica).

Las **complicaciones no vasculares** comprenden problemas como gastroparesia, disfunción sexual y afecciones de la piel.

El riesgo de las complicaciones crónicas suelen hacerse evidentes durante el segundo decenio de la hiperglucemia. Como la DM tipo 2 puede aparecer sin que la persona lo perciba con síntomas, muchas ya presentan las complicaciones justo cuando se les diagnostica.

Las complicaciones microangiopáticas de la DM de los Tipos 1 y 2 derivan de la hiperglucemia crónica. Está demostrado que la reducción de la hiperglucemia crónica evita o disminuye la nefropatía, la neuropatía y la retinopatía. También se sospecha que existe una predisposición genética para desarrollar determinadas complicaciones.

La arteriopatía coronaria (que puede manifestarse con anginas de pecho e infartos de miocardio) y la mortalidad son de 2 a 4 veces mayores en los pacientes con DM tipo 2, y se correlacionan con las concentraciones plasmáticas de glucosa en ayunas y posprandiales (después de las comidas), al igual que con la hemoglobina A1c (se trata de un parámetro que se usa para saber qué control aproximado se ha hecho de la diabetes en los últimos 3 meses anteriores a la prueba). Otros factores (trastornos del colesterol y/o de los triglicéridos e hipertensión arterial) desempeñan también un im-portante papel en las complicaciones macrovasculares.

DIABETES E INFANCIA

El número de casos nuevos por año que se diagnostican aumenta en el mundo occidental. Es la segunda enfermedad crónica más frecuente en la infancia, siendo la diabetes tipo 1 la predominante en edad pediátrica (90% de los casos).

En España existen unos 29.000 diabéticos menores de 15 años. Su pico de máxima incidencia se da en la pubertad.

Por las implicaciones médicas, sociales y emocionales, es importante la labor educativa que se realice durante la infancia, dado que, si no somos capaces de controlar la enfermedad en ese momento, será muy difícil que se comience a hacerlo durante la adolescencia.

En la escuela, el niño diabético debe llevar una dieta equilibrada y practicar las mismas actividades y ejercicios deportivos que los demás, siendo fundamental que los responsables conozcan cómo eludir situaciones perjudiciales. Hay que evitar que el niño llegue a sentirse "especial" por la enfermedad; ni que haga uso de ella como excusa para evitar situaciones que le disgusten. Así mismo, se le debe facilitar la práctica de sus controles sanguíneos

de glucosa, una dieta sana, una hidratación correcta y frecuentar el baño cuando lo requiera.

Puede ser muy conveniente el apoyo de los
campamentos de verano para que conozca
otros chicos y chicas de su edad con diabetes
y, a su vez, se refuercen aspectos educaciona-
les que mejoren el control de su enfermedad.

El deporte está recomendado en los diabéticos, y padecer esta enfermedad no debe ser un
impedimento para iniciar en el deporte a aque-
llos niños y niñas que lo deseen.

Al comenzar la práctica deportiva, será importante:

- Conocer el esfuerzo físico que requerirá el
  deporte escogido (duración e intensidad).
- Prevenir las complicaciones calculando la
  dosis de insulina y la alimentación necesaria.
- Intensificar los controles para evitar hipoglucemias o hiperglucemias reactivas.

ALIMENTACIÓN ADECUADA

Todas las personas necesitan una alimentación conveniente y hábitos de vida saludables para mantener una buena salud física y mental a lo largo de la vida. Una alimentación adecuada es sumamente recomendable, por lo tanto, para las personas con diabetes; y aunque su dieta no es muy diferente de la de la población sana, sí será necesario controlar la ingesta de ciertos alimentos con alto contenido en azúcares de absorción rápida:

- Frutas, en especial plátanos, uvas, higos, chirimoyas y caquis.
- Azúcar común.
- Productos de bollería, caramelos, helados, natillas, flanes, arroz con leche, etc.
- Yogures de frutas azucarados, ya sean enteros o desnatados.

CONTROLAR LA DIABETES CON LA ALIMENTACIÓN

Comer alimentos adecuados ayuda a controlar el peso. El peso es uno de los elementos más importantes para el control de la diabetes tipo 2. Hay personas con sobrepeso que no saben que tienen muchas posibilidades de padecer además DM.

Si éste es su caso, debería tener como objetivo adelgazar. Perder peso es más simple de lo que piensa; se producirá si ingiere menos calorías de las que gasta para el nivel normal de actividad, y también si aumenta la cantidad de ejercicio que realiza.

Medio kilo de grasa equivale más o menos a 3.500 calorías. Para perder medio kilo por semana, deberá comer al día 500 calorías menos que las que gaste (500 calorías x 7 días = medio kilo).

Esta pérdida de peso le puede parecer ridícula, pero no lo es: medio kilo por semana son 26 kg al año. Éste debe ser su planteamiento: marcarse un objetivo a largo plazo para lograr establecer nuevos hábitos en su vida, que le lleven a mantener el peso adecuado durante mucho más tiempo. Todos conocemos el efecto ascensor, el que se produce cuando se adelgaza muy rápido y se abandona el régimen para volver a los hábitos alimenticios que se tenían antes de comenzarlo, recuperándose los kilos perdidos y alguno más.

Sea realista. Un cambio radical en su vida necesita tiempo. Anote su peso diariamente y así se dará cuenta de cuándo está teniendo una progresión positiva hacia su objetivo y cuándo no. Si en algún momento no ha obtenido los resultados deseados, no se desanime; continúe con más fuerza con el convencimiento de que finalmente logrará lo que desea.

Son muchos ya los estudios que demuestran que se puede reducir el riesgo del binomio obesidad central-DM tipo 2, evitando la dieta hipercalórica, reduciendo de ella las grasas saturadas y los azúcares refinados, y aumentando la fibra vegetal. Importante también es evitar el estrés, el abuso del alcohol y el tabaquismo. Una dieta no saludable suele ser la compañera inseparable de una vida sedentaria, con poca actividad física.

Las grasas saturadas (como las de los embutidos y de las carnes grasas) reducen la capacidad de actuación de la insulina y elevan la circulación por los vasos sanguíneos de ácidos grasos no esterificados, que favorecen la aparición y la asociación de obesidad visceral y DM tipo 2.

Está demostrado que, si reducimos las calorías que aportan las grasas saturadas y los azúcares y aumentamos la fibra, podemos revertir

alteraciones metabólicas precoces que conduz-
can hacia una futura diabetes.

Se puede citar, entre otros, el estudio
*Diabetes Prevention Program Finnish Diabetes
Prevention Study,* que demuestra que caminar
a buen ritmo (no correr) durante 30 minutos
cinco veces a la semana previene la DM tipo 2
si ya existe intolerancia a la glucosa. Otros
estudios aconsejan realizar la actividad un
mínimo de 45 minutos; en este tiempo, además, el diabético logrará reducir triglicéridos y
aumentar el colesterol "bueno" o c-HDL.

Y, como cualquier persona "sana", debe vigi-
lar que su frecuencia cardíaca medida por el
pulso no supere las 120 pulsaciones por minuto, que son las aconsejadas para evitar el so-
breesfuerzo, y que irán disminuyendo a medida que su forma física mejore.

Aproximadamente el 80% de las personas
con DM tipo 2 tienen exceso de peso, o son
obesos. La obesidad abdominal, o aquélla que
se localiza en la cintura (diámetro de la cintura
mayor de 102 cm en hombres y de 88 cm en
mujeres), se relaciona más con alteraciones de
los lípidos y la resistencia a la insulina, haciendo que estas personas tengan más riesgo de
episodios de isquemia o falta de riego sanguí-

neo en el corazón. También tienen más posibilidades de desarrollar DM tipo 2 y de fallecer
por problemas cardiovasculares.

¿Qué se debe hacer?

Para lograr un control sobre la diabetes es
necesario, como se ha dicho, comer alimentos
apropiados, permanecer activo y seguir las
instrucciones de su médico.

No obstante, le ofrecemos a continuación
unas pautas alimenticias que sin duda le serán
de gran utilidad:

- Es aconsejable distribuir las comidas en 5 ó 6
  tomas diarias, dependiendo de las indicacio-
  nes de nuestro médico, para evitar bajadas
  bruscas de azúcar.
- Igualmente importante es mantener un horario regular de comidas.
- La dieta debe estar formada por gran variedad
  de alimentos, evitando los desaconsejados.
- No tomar, como se ha comentado antes, azúcares sencillos o de absorción rápida. Si se
  toman, que sea en ocasiones puntuales, como
  cumpleaños, bodas, etc., y siempre controlan-
  do la cantidad. Para endulzar, emplear edulcorantes o aromas naturales.

- Aumentar el consumo de verduras, legumbres y productos integrales ricos en fibra, ya que ésta hace que la absorción de los azúcares de la dieta sea mucho más lenta y podamos controlar mejor los niveles de azúcar en sangre.
- La dieta debe ser pobre en grasas, sobre todo saturadas; para conseguirlo, lo mejor es:
  - Tomar los lácteos desnatados.
  - Preferir el pescado (mejor el azul) a la carne.
  - Eliminar la piel de las carnes
  - Utilizar preferentemente aceite de oliva.
- Las frutas tienen un alto contenido de azúcares, por lo que no se debe abusar de su consumo. Por lo dicho anteriormente hablando de la fibra, es mejor tomar las frutas con piel para ralentizar la absorción de esos azúcares.
- Como los índices de azúcar suelen bajar entre horas, es mejor tomar este tipo de alimentos a media mañana y/o en la merienda.
- Se pueden consumir los alimentos aptos para diabéticos, pero de forma controlada, ya que normalmente tienen menos azúcares (sustituidos por edulcorantes) pero más grasas. Mirar siempre las etiquetas.
- No abusar del alcohol. Se podrá tomar esporádicamente una copa de vino, mejor tinto, en la comida y/o la cena.

- Moderar el uso de la sal y de condimentos grasos (mantecas...).
- Es aconsejable no abusar de los fritos, rebozados y empanados, y utilizar técnicas como la cocción al vapor, al horno, a la plancha, parrilla...

Asimismo, destacamos algunos principios básicos de nutrición para personas con DM –se recuerdan mejor al dividir los alimentos en tres grupos: Carbohidratos, Proteínas y Grasas–:

- **Carbohidratos:** Entre estos alimentos encontramos el pan, las patatas, el arroz, las galletas, el azúcar, las frutas, las verduras y las pastas. Cuando son digeridos, los carbohidratos proveen energía.
- **Proteínas:** Estos alimentos incluyen la carne de vaca, el pollo, el pescado, los huevos, el queso, las judías y otras legumbres. Cuando son digeridos, las proteínas se usan para los procesos de reparación del cuerpo. Algunas proteínas también pueden usarse en la producción de energía.
- **Grasas:** Estos alimentos incluyen la mantequilla, la margarina, el aceite, la nata, la panceta, las nueces. Cuando son digeridas, las

grasas se depositan en las células grasas o se utilizan, si es necesario, para producir energía.

Un plan de alimentación equilibrada debería contener alimentos pertenecientes a los tres grupos en cantidades adecuadas para un buen control de la diabetes (consulte a su médico, pero supondría una dieta equilibrada que cada grupo contribuyera con un 33% del total), que a la vez le aportaran la energía que necesita y los nutrientes con los que reparar el cuerpo y mantenerlo en perfectas condiciones.

Seguidamente enumeramos algunas pautas muy simples que le ayudarán a seguir su dieta con más facilidad:

- Empiece por la cesta de la compra, de modo que, cuando llegue a casa esté repleta de alimentos saludables y compatibles con su dieta.
- Planee sus comidas con anterioridad para tener los ingredientes necesarios y no preparar sólo lo fácil o lo que se tiene en el frigorífico.
- Antes de comer, piense si tiene verdaderamente hambre o es ansiedad; si es hambre, calcule cuánto queda para la siguiente comida, y si no se puede esperar, qué alimento de los que tiene a mano le conviene más para no arrasar el frigorífico.

- Use un plato pequeño, de manera que sus porciones no sean grandes.
- Mastique lenta y completamente, saboreando cada bocado, en vez de comer rápidamente sin masticar.

Los siguientes consejos son un poco más complicados, e insistimos en algunos ya dados. No lo dude, merece la pena hacer el esfuerzo:

Coma menos grasas:

- Disminuya la cantidad de carne en su dieta. Elija pollo o pescado para sus comidas.
- Cocine la carne al horno o a la plancha en lugar de freírla. Quite toda la grasa que pueda antes de cocinarla, incluyendo la piel del pollo, y evite añadir grasas. Cuidado con las salsas, porque suelen contener mucha grasa.
- No se permita embutidos, panceta, chorizos, salchichas, manteca o margarina. Los frutos secos reducen el riesgo de infarto y previenen de otras enfermedades cardiovasculares aumentando la esperanza de vida. Estos productos son ricos en grasas, pero la mayoría son insaturadas, por lo que ayudan a disminuir los niveles de c-LDL o "malo" en la sangre. Las avellanas y las almendras tienen una com-

posición parecida a la del aceite de oliva. Si se controlan las calorías totales que se ingieren al día, los frutos secos no engordan y pueden reemplazar a otros alimentos ricos en grasas dentro de la saludable y equilibrada dieta mediterránea. Además, los frutos secos también aportan minerales, proteínas y vitaminas.

- Los helados también son un lujo que muy de tarde en tarde se puede permitir. Asimismo, restrinja los quesos, cremas y otros productos de alto contenido en grasas. Beba leche desnatada en vez de leche entera.

Coma más fibra:
- Consuma pan, cereales y galletas integrales.
- Coma más verduras, tanto crudas como cocidas. Es preferible comer frutas frescas a beber zumo de fruta.
- Hay algunos alimentos altos en fibra que pueden ser muy beneficiosos para usted, como la cebada, el trigo, el arroz integral, las judías, las lentejas y todas las legumbres en general.

Consuma menos sal:
- No añada sal a la comida cuando cocine, y trate de acostumbrarse a no llevar el salero a la mesa para no agregar sal extra.
- Disminuya el consumo de comidas altas en

sodio, como sopas de sobre, conservas, alimentos enlatados, jamón o embutidos.

- Coma menos cantidad de alimentos preparados y trate de evitar los restaurantes de comida rápida, ya que, aunque su comida pueda no saber salada, está cargada de sodio.

Disminuya el consumo de azúcar:

- No use azúcar común, sino algún edulcorante que no tenga calorías.
- Trate de evitar comer miel, jalea, mermelada, caramelos, gelatina y bollería fina. En vez de comer fruta en almíbar, elija frutas frescas o frutas envasadas con agua o zumos naturales.
- Beba bebidas bajas en calorías.

Como ya se ha mencionado, uno de los grandes mecanismos para controlar la diabetes es el ejercicio físico y mantenerse activo; así podrá quemar calorías y le será más fácil perder peso y mantenerse con el adecuado. Al inicio debería ser no competitivo y sí entretenido.

El peso ideal se mide con el IMC o índice de masa corporal que se calcula según la altura y el peso, dividiendo el peso entre el cuadrado de la talla. La fórmula es:

IMC = peso (kg) / talla (m) x 2.

Nos deberíamos mantener en un IMC de entre 23 y 25, con una cintura menor de 102 cm en el hombre y de 85 en la mujer.

Por ejemplo, consideremos una persona que mida 1,70 m y pese 65 kg.

1,70 x 2 = 3,4.

65 / 3,4 = 19,1, con lo que estaría en un peso adecuado, como se puede comprobar en las siguientes tablas:

IMC	Clasificación de la OMS	Descripción común
Menos de 18,5	Bajo peso	Delgado
18,5-24,9	Adecuado	Aceptable
25,0-29,9	Sobrepeso	Sobrepeso
30,0-34,9	Obesidad grado 1	Obesidad
35,0-39,9	Obesidad grado 2	Obesidad

IMC adecuado según edad (NRC, 1989)	
Edad (años)	IMC
19-24	19 - 24
25-34	20 - 25
35-44	21 - 26
45-54	22 - 27
55-65	23 - 28
Más de 65	24 - 29

CÓMO PUEDE AYUDAR EL EJERCICIO CON LA DIABETES

Practicar algún deporte o realizar alguna actividad física regularmente es un factor cada vez más reconocido e imprescindible en el tratamiento de la Diabetes Mellitus; tan importante como la dieta y la medicación.

El ejercicio mejora el estado físico y psíquico, y la calidad de vida.

Es conocido que el ejercicio puede aumentar las arritmias, las anginas de pecho y los infartos, así como provocar la muerte súbita, pero el riesgo de todo ello es muy bajo y son muchos los beneficios si se siguen los consejos de profesionales.

Se ha demostrado científicamente el papel beneficioso del ejercicio regular en las personas diabéticas, porque, junto con una dieta adecuada y los fármacos, forma parte del tratamiento de la DM tipo 2 y consigue mejorar su evolución disminuyendo el riesgo de las complicaciones a largo plazo, favoreciendo el mantenimiento del peso ideal y mejorando la calidad de vida.

Se ha comprobado, además, que realizar ejercicio físico puede prevenir la aparición de la diabetes tipo 2, y que es aún más marcado este efecto protector en las personas que tienen factores de riesgo de padecer esta enfermedad.

El ejercicio debe practicarse como un acto agradable y de manera segura por la persona con diabetes, adoptando las medidas oportunas de forma regular y controlada con el fin de mantener un buen estado físico y mental.

Es importante distinguir entre actividad física y práctica deportiva.

La actividad física es el movimiento que realiza el cuerpo humano requiriendo el trabajo de los aparatos musculo-esquelético, cardíaco, circulatorio, respiratorio, etc., para realizar las actividades de la vida cotidiana, ya sean en el ámbito laboral, doméstico o de ocio. Pueden ser de poca, media o larga duración, con moderada o hasta muy intensa actividad, de manera que al aumentar la actividad física se aumentará el consumo energético.

Sin embargo, si añadimos un ejercicio físico a la actividad cotidiana y lo practicamos de manera regular, podemos convertirlo en el entrenamiento de una práctica deportiva.

BENEFICIOS DE UN ESTILO DE VIDA ACTIVO

Independientemente de su enfermedad, el diabético puede disfrutar de los numerosos beneficios que conlleva el ejercicio físico cotidiano y llevar un estilo de vida activo:

- El cuerpo absorbe más oxígeno, que es repartido en mayor medida entre músculos y tejidos.
- Asimismo, con el oxígeno mejora la combustión de los alimentos, y con ello la producción de energía.
- Esta mayor cantidad de oxígeno aumenta la resistencia de los tejidos.
- Los músculos tienen más resistencia ante esfuerzos prolongados.
- Incrementa y optimiza la capacidad pulmonar.
- Mejora y previene problemas cardíacos:
  - mejora la circulación sanguínea;
  - retarda la aparición de arteriosclerosis, y
  - estimula el riego en el cerebro.
- Fortalece el corazón:
  - gana potencia, y
  - resiste mejor la fatiga.
- Ayuda a controlar el peso:
  - facilita la digestión y eliminación;
  - elimina grasa, y
  - actúa como supresor moderado del apetito.

- Mantiene los huesos sanos y fuertes, ayudando a enderezarlos.
- Se fortalecen los músculos alrededor de las articulaciones. Esto les quita la presión a éstas, facilitando el intercambio de fluidos, dando nutrición a los cartílagos.
- Tonifica los músculos de muslos, pantorrillas y caderas.
- Previene problemas respiratorios.
- Mejora la visión periférica.
- Promueve la inmunidad del sistema, al aumentar la producción de los componentes de la sangre que luchan contra virus y bacterias.
- Ayuda a:
  - conciliar el sueño, y
  - superar la depresión.
- Aumenta la confianza en uno mismo.
- Es fuente de equilibrio.
- Se libera estrés y agresividad.

En relación específica con la diabetes

Además, en las personas con DM, el ejercicio resulta útil para disminuir la glucosa plasmática, debido al aumento del consumo del músculo en movimiento (durante el ejercicio y después de él), mejorando la sensibilidad a la insulina. Ello se traduce en una mejora también del control de la diabetes (siempre que el ejercicio esté correctamente pautado).

Ante un ejercicio duradero, el organismo disminuye la secreción de insulina y ello facilita la producción hepática de glucosa, la cual pasará a la sangre para que desde allí la utilice el músculo. Por ello, las personas diabéticas deberán adaptarse reduciendo la dosis de insulina, para lograr el mismo efecto evitando así la hipoglucemia.

Disminuye:
- La glucemia durante y después del ejercicio.
- La insulinemia basal y postpandrial.
- La necesidad de fármacos.

Mejora:
- La sensibilidad a la insulina.
- Los niveles de hemoglobina glicosilada.
- Las cifras de tensión arterial.
- La reducción de peso por la dieta
- El perfil lipídico: los triglicéridos, HDL LDL-colesterol
- La función cardiovascular.
- La elasticidad corporal.

Si tiene sobrepeso, incrementar la actividad física que realiza habitualmente se hace imprescindible. Es probable que, después de un día de trabajo, no le apetezca hacer deporte ni moverse en exceso, pero le podemos asegurar que los beneficios sobre su salud en general y su enfermedad en particular son tantos, que se arrepentirá de no haber comenzado antes.

Es aconsejable:

- Las personas con diabetes necesitan hacer ejercicio diariamente o al menos 5 veces a la semana.
- De 45 a 55 minutos por sesión.
- Preferentemente ejercicios bajos en resistencia y altos en frecuencia, como por ejemplo caminar. La práctica diaria de este tipo de ejercicios consigue que mejore el control de la glucosa en la sangre en personas con diabetes y que ésta se estabilice incluso antes de haber logrado otros objetivos, como adelgazar.
- Sólo la constancia permitirá obtener beneficios del ejercicio físico, ya que no tiene efecto a largo plazo en la glucosa. Si se deja de hacer ejercicio uno o dos días, los efectos beneficiosos para la diabetes y su control se pierden. Interiorice que la práctica de ejercicio físico y/o el aumento de actividad es algo que le debe acompañar durante toda la vida.

¿EXISTEN RIESGOS EN PERSONAS CON DIABETES AL HACER EJERCICIO ?

Durante el ejercicio baja la insulina y aumenta el glucagón en las personas no diabéticas. Ello permite la liberación hepática de glucosa. Para preservar la función del sistema nervioso central, los niveles de glucemia se mantienen bastante estables durante el ejercicio.

En los diabéticos no se produce esta disminución de insulina durante el ejercicio, con lo que disminuye la producción hepática de glucosa y aumenta la utilización periférica de ésta, incrementándose así el riesgo de sufrir hipoglucemia.

Si, cuando se está realizando el ejercicio, los niveles de insulina son bajos y hay excesiva liberación de hormonas contrainsulares (glucagón, adrenalina, etc.), se incrementan los niveles de glucemia y de cuerpos cetónicos, e incluso se puede precipitar una cetoacidosis diabética.

Si en el momento del ejercicio hay exceso de insulina, se impide o disminuye la liberación hepática de glucosa, con lo que se precipita una hipoglucemia.

Posibles riesgos del ejercicio en diabetes tipo 1

Es cierto que hay riesgos para las personas con diabetes que realizan ejercicio físico, pero esos riesgos son controlables, y son más los beneficios que se obtienen con la actividad física cotidiana y teniendo una vida activa; por ello, lo mejor para de prevenir problemas derivados del ejercicio es conocerlos:

Hiper e hipoglucemia causadas por el ejercicio
Su mejor prevención es realizar un control capilar antes, durante y después del ejercicio.

Se entiende por control capilar la medición del nivel de glucosa en sangre que se obtiene al hacer el análisis de una pequeña gota de sangre del dedo. Es una técnica rápida y fiable con la que se obtiene el valor de la glucemia en cualquier circunstancia (hipo-hiperglucemias).

Hipoglucemia precoz y tardía
Si el sujeto tiene un aporte adecuado de insulina puede producirse hipoglucemia por disminución de la producción hepática de glucosa y consumo exagerado de ésta. Si hace tiempo que se es diabético, existe la posibilidad de que

se acompañe de una disminución de glucagón, que provoca que la producción hepática de glucosa disminuya.

Como se ha dicho, la realización de ejercicio hace que la sensibilidad a la insulina se incremente durante horas; esto explica que, junto al riesgo de hipoglucemias precoces, también exista un mayor riesgo de hipoglucemias tardías.

Para evitar el riesgo de **hipoglucemias precoces** hay que:
- Disminuir la dosis previa de insulina; en el caso de estar utilizando análogos de acción corta, no se debe realizar ejercicio en las dos primeras horas.
- Tomar hidratos de carbono suplementarios.

Las **hipoglucemias tardías** se pueden producir hasta unas 18 horas después. Se deben a la mayor sensibilidad a la insulina que produce la actividad física.

¿Por qué hay veces en las que las reacciones hipoglucémicas ocurren horas después de concluido el ejercicio? Durante períodos de ejercicio extenuante, el cuerpo consume grandes cantidades de glucógeno, que es producido por los músculos y el hígado. Pueden ser necesarias hasta 24 horas para reponerlo; durante este tiempo, su glucemia puede bajar.

Para prevenir una reacción de hipoglucemia, coma carbohidratos extra al finalizar. Si su glucemia está alta después de hacer ejercicio, no use insulina, ya que durante la fase de recuperación la glucemia va a caer por sí sola. Si usted usara insulina extra en este momento, podría provocar una reacción hipoglucémica severa.

Esté siempre atento a los signos de hipoglucemia. No espere a finalizar el ejercicio para tratar la reacción. Pare inmediatamente, trate la reacción y espere 5 minutos antes de reanudar la actividad.

Puede saber si tiene hipoglucemia si presenta alguno de los siguientes síntomas:

Síntomas autonómicos o neurogénicos –el cuerpo avisa de que los niveles de glucemia están bajos–:
- palpitaciones
- sudoración
- temblor fino
- sudoración fría
- ansiedad
- hambre repentina
- insomnio

- sensaciones de ardor o adormecimiento
- taquicardia
- hormigueo (por la boca y/o los hombros)
- nerviosismo
- dificultad para concentrarse
- dolor de cabeza y/o náusea (posiblemente).

Síntomas neuroglucopénicos –el cerebro no tiene suficiente energía para funcionar normalmente–:

- cambios o alteración del comportamiento
- confusión mental
- debilidad
- lenguaje arrastrado
- visión borrosa
- convulsiones
- doble visión
- inconsciencia (coma)
- desorientación
- desmayo
- dificultad para concentrarse y leer
- agresividad
- mareo
- cansancio
- bostezos
- somnolencia
- falta de coordinación.

Lo más aconsejable es realizar el ejercicio o la caminata siempre a la misma hora del día, aunque quizás esto no sea posible.

Recuerde los horarios en que su insulina hace pico (mayor actividad), y evite realizar ejercicio en esos horarios.

Sepa que:

La insulina tiene tres momentos de actuación, que son: el comienzo de la acción, la acción máxima o pico y la duración:

- El comienzo de la acción es el tiempo que tarda la insulina en llegar al torrente sanguíneo y comenzar a reducir los niveles de glucosa en la sangre.
- La acción máxima (pico) es el momento en el que la insulina alcanza su potencia máxima en lo que respecta a la reducción del nivel de glucosa en la sangre.
- La duración es el tiempo que la insulina continúa reduciendo el nivel de glucosa en la sangre.

Cetosis inducida por el ejercicio

Ocurre cuando hay déficit de insulina durante el ejercicio. Ante la falta de insulina, disminuye el consumo periférico de glucosa y aumenta el metabolismo de las grasas. Además, se incrementa la producción hepática de glucosa y de cuerpos cetónicos, que lleva a hiperglucemia y cetosis.

No se debe realizar ejercicio si la glucemia previa a él es superior a 250 mg/dl y existe cetosis. En estas circunstancias hay que poner suplementos de insulina y normalizar previamente el control metabólico.

Hiperglucemia inducida por el ejercicio

El ejercicio de alta intensidad y poca duración, realizado por personas sanas, se asocia generalmente con una elevación transitoria de la glucemia. Ésta puede llegar al máximo entre los 5 y 15 minutos posteriores a la finalización del ejercicio y volver a los niveles anteriores al ejercicio entre los 40 y 60 minutos siguientes. Esto se debe a que aumentan las catecolaminas y el glucagón, y a la supresión de la liberación de insulina. Esto produce el aumento de la producción hepática de glucosa.

En las personas que padecen diabetes, la respuesta al ejercicio de alta intensidad es anormal y se produce hiperglucemia en mayor medida, más persistente en el tiempo. A ello contribuye que no aumentan las cantidades de insulina una vez finalizado el ejercicio.

Los beneficios del ejercicio

Como ya se ha mencionado, son mayores los beneficios del ejercicio que los riesgos para las personas que padecen diabetes. Éstas sólo tienen que tener un mayor control y seguir unas *normas sencillas:*

- Antes de comenzar cualquier programa de ejercicio, es necesario estar bien controlado y no tener complicaciones crónicas. Si éste es su caso, puede realizar todos los niveles de ejercicio, incluída la competición.
- Ajustar siempre la dieta y la insulina con glucemias capilares.
- Realizar un calentamiento de entre 10 y 15 minutos para preparar el organismo ante el aumento de actividad que va a soportar con el ejercicio más intenso y, además, evitar lesiones.
- Al finalizar, realizar ejercicios que ayuden al organismo a volver al estado inicial, es decir, una vuelta a la calma con estiramientos musculares y de relajación durante 10-15 minutos.
- Llevar agua y beber con frecuencia mientras se esté haciendo ejercicio. La hidratación es esencial en todo momento.

- Tener especial cuidado con los pies y llevar calzado adecuado. Esto quiere decir que hay que llevar zapatillas específicas para correr o caminar. Las zapatillas tienen que estar siempre en condiciones; cambiarlas cuando estén desgastadas y esmerarse en su limpieza. Asimismo, los calcetines tienen que ser transpirables, y hay que cambiárselos después de finalizar el ejercicio. Recuerde que los pies son muy sensibles en las personas con diabetes. Obsérvese y si tiene zonas muy calientes o enrojecidas, o ve algún problema, no dude en consultar al médico.

- Llevar siempre la equipación específica del deporte o actividad que realice y adecuada a la época del año. No llevar ropa muy pesada cuando haga calor. Sudar mucho no adelgaza, sólo se pierde agua. En verano es mejor la ropa ligera y de colores claros. Utilizar protector solar y usar un sombrero o gorra. En el invierno, son más adecuadas las prendas que no pesan pero que a la vez transpiran.

- Llevar una identificación de su condición de diabético.

También le indicamos *algunas recomendaciones* para el caso de la realización de ejerci-

cio físico no habitual, que serán de utilidad
para tener más seguridad y evitar descompen-
saciones:

- **Realizarse un control metabólico antes del ejercicio:**
  - Evitar el ejercicio con una glucemia mayor de 250 mg/dl y habiendo cetosis, o si es superior a 300 mg/dl aunque no exista cetosis.
  - Consumir hidratos de carbono si la glucemia es inferior a 100 mg/dl.
- **Medir la glucemia antes y después del ejercicio:**
  - Identificar cuándo son necesarios cambios en la insulina y en la ingesta.
  - Aprender la respuesta glucémica a los diferentes tipos de ejercicio.
- **Consumo de alimentos:**
  - Ingerir tanta cantidad de hidratos de carbono como se necesite para evitar la hipoglucemia.
  - Tener siempre hidratos de carbono a mano durante y después del ejercicio.
- **La glucemia segura para realizar ejercicio está entre 100 y 250 mg/dl:**
  - Si es inferior a 100 mg/dl, puede sobrevenir hipoglucemia si no se toma alimento.

- Si es superior a 250 mg/dl, hay que comprobar si hay cetosis. Si el resultado es positivo, poner suplementos de insulina y no hacer ejercicio hasta que se vuelvan negativos y la glucemia sea inferior a 250 mg/dl.
- **Si se van a realizar ejercicios vigorosos y prolongados:**
  - Ingerir suplementos de hidratos de carbono cada 30 minutos y controlar a mnudo la glucemia capilar.
  - Evitar hipoglucemias tardías incrementando la ingesta hasta 24 horas después –dependiendo de la intensidad del ejercicio realizado– y bajar la dosis de insulina postejercicio.

En el caso de realizar ejercicios planificados, se reducirá la insulina correspondiente.

En los diabéticos de tipo 2, las hipoglucemias relacionadas con el ejercicio son menos frecuentes, y pueden suceder tanto en aquellas personas que se suministran insulina como en las que toman fármacos orales del tipo sulfonilureas.

Como las enfermedades cardiovasculares asintomáticas se presentan en edades más jóvenes en las personas con DM, puede justifi-

carse realizar medidas formales de la tolerancia al ejercicio de los individuos diabéticos que
cumplan cualquiera de estas condiciones:

- Mayores de 35 años de edad.
- DM tipo 1 de más de 15 años de evolución o
  DM tipo 2 de más de 10 años.
- Complicaciones microvasculares de la diabetes: lesiones renales u oligoalbuminuria,
  retinopatía. (La retinopatía proliferativa no
  tratada es una contradicción relativa al ejercicio vigoroso, dado que podrían producirse hemorragias hacia el cuerpo vítreo y
  desprendimiento de retina.)
- Enfermedad arterial periférica.
- Otros factores de riesgo de enfermedad
  arterial coronaria (angina o infarto) o neuropatía vegetativa (lesiones del sistema
  nervioso que facilitarían la aparición de
  úlceras en los pies inadvertidas).

Las pruebas de velocidad y el culturismo serían ejemplos de deportes que requieren ejercicios muy intensos y de corta duración, por lo
que el consumo de glucosa es menor que la
producción de hormonas hiperglucemiantes
(catecolaminas, cortisol), favoreciéndose de esa
manera el efecto hiperglucemiante.

El maratón, la natación, el ciclismo y el montañismo son tipos de ejercicio de larga duración, por lo que el consumo de glucosa será superior a la producción de hormonas hiperglucemiantes (cortisol, catacolaminas), lo que favorecerá el efecto hipoglucemiante.

No olvidar:

- El control regular del nivel de glucemia dará la información necesaria para elaborar un plan de ejercicio personalizado, de acuerdo a sus propias características. Al medir su glucemia usted podrá:
  - Conocer la respuesta de su cuerpo al ejercicio.
  - Evitar episodios de hipoglucemia.
  - Determinar el tipo y la cantidad de suplementos que debe ingerir antes del ejercicio
- Por supuesto, seguir las instrucciones de su médico; es decir, llevar rigurosamente la dieta, realizar el ejercicio que se le recomiende y controlar diariamente la glucemia. Asimismo, tomar los medicamentos indicados a las horas correctas.
- La glucosa es el combustible de los músculos cuando se hace ejercicio, que a la vez, hace que la insulina sea más eficaz. Ambas cosas bajan los niveles de azúcar.

- Una buena planificación del ejercicio entre su médico y usted permitirá ajustar su tratamiento con insulina y evitar bajadas de glucosa indeseadas.
- Si se pone insulina o toma antidiabéticos orales, su propio control de la glucosa será suficiente para evitar bajadas del nivel de azúcar.

CÓMO ENCONTRAR UN PROGRAMA DE EJERCICIO

Como se ha mencionado, lo mejor para un diabético es la práctica de deportes aeróbicos, ya que con ellos se ejercitan los grupos musculares grandes, se produce un aumento de energía y se mejora la salud en general. Si tiene dudas pregunte a su médico: el ejercicio físico en una persona con diabetes debería ser programado.

La edad y/o la presencia de otras patologías y/o complicaciones no contraindica la práctica de un ejercicio adecuado.

Antes de comenzar hágase las siguientes preguntas para elegir mejor la actividad que vaya a realizar:

- ¿Me gustaría hacer este deporte o actividad?

- ¿Puedo incorporarlo a mi estilo de vida?
- ¿Tengo capacidad física suficiente para realizarlo?
- ¿Disfruto de este deporte o actividad?
- ¿Es algo que puedo planear hacer de forma continuada a lo largo de mi vida?
- ¿Puedo hacerlo solo/a?

Los siguientes deportes, entre otros, serían buenos para usted, a no ser que el médico le indicara lo contrario:
- Caminar
- Correr
- Patinar
- Tenis
- Remo
- Saltar a la cuerda
- Esquí nórdico o cross country
- Nadar
- Ciclismo
- Fútbol
- Baloncesto
- Bicicleta estática
- Golf
- Bolos
- Billar
- Petanca

- Jockey
- Hípica
- Gimnasia de mantenimiento
- Yoga
- Tai-chi

Los deportes llamados anaeróbicos, como los de alta resistencia, y todos aquéllos que conllevan un riesgo para la persona con diabetes no están aconsejados; éstos serían, entre otros:
- Culturismo
- Pesas
- Escalada
- Motociclismo
- Pesca submarina
- Judo
- Karate
- Lucha
- Boxeo
- Rugby

Si no ha practicado deporte con asiduidad, quizá le resulte difícil empezar ahora, por ello le proponemos caminar, ya que es sencillo, efectivo y le servirá para adquirir fondo y poder practicar más adelante otros deportes que le exijan más físicamente.

Además de caminar, ejercicio del que trataremos en el siguiente capítulo, hay otras formas de mantenerse activo en su quehacer cotidiano. Por ejemplo, use las escaleras en vez del ascensor o las escaleras mecánicas; si está viendo la televisión, levántese durante los anuncios y de unas vueltas por su casa; use aparatos manuales en vez de eléctricos; lave el coche a mano; la limpieza de la casa con energía es un buen ejercicio con el que se gastarán calorías extra.

Si su trabajo es muy activo, se preguntará si es suficiente estar en constante movimiento de 8 a 10 horas al día, y claro que cuenta como ejercicio. Pero ya le hemos comentado los numerosos beneficios físicos y sicológicos que conlleva el hacer ejercicio fuera del trabajo, como entre otros, el alivio del estrés relacionado con él.

No se olvide:

Antes de comenzar cualquier tipo de ejercicio, vea a su médico para que determine que usted está en condiciones de hacer deporte y qué tipo de ejercicio le conviene. El programa de ejercicio físico debería estar pactado con su médico, o equipo médico, y por lo tanto estar

personalizado y ser revisado periódicamente.
Debería girar en torno a:
- Edad
- Nivel de actividad física realizada
- Capacidad física actual
- Estado intelectual y emocional

Con ello se puede establecer el tipo de actividad, la intensidad de ésta y el nivel de esfuerzo, determinado con la frecuencia cardiaca.
- Durante la práctica, use algún tipo de identificación médica, ya sea un brazalete, un colgante o una tarjeta.
- Nunca haga ejercicio cuando note que su glucemia está alta y además tiene cetonas en la orina. En esos casos, el ejercicio puede desencadenar cetoacidosis diabética.

EL EJERCICIO DE CAMINAR

Caminar es un ejercicio idóneo para las personas que tienen elevados niveles de azúcar en la sangre. Aumenta la sensibilidad de las células musculares a la insulina, lo que evita y/o mejora la diabetes tipo 2. Las personas diabéticas tienen en la caminata una herramienta eficaz para controlar su enfermedad.

Caminar una hora diaria bastará para conseguir una vida saludable.

Su práctica es sencilla y no requiere habilidades específicas ni un equipo especial. Puede realizarse a cualquier hora y en cualquier lugar. Se puede incluir fácilmente entre las actividades rutinarias de cada día. Por ejemplo, bajarse del metro o del autobús dos paradas antes y terminar el trayecto previsto andando podría ser una buena forma de mantener un aceptable tono físico, que a la larga nuestro cuerpo agradecerá.

Andar es un ejercicio físico idóneo para todo tipo de personas, se puede practicar a cualquier edad y durante toda la vida. Es un deporte barato y seguro, cuyo único condicionante es realizarlo con un calzado cómodo para evitar las mínimas lesiones que se pudieran ocasionar y que tanta repercusión tienen en las personas con diabetes.

Caminando se pueden alcanzar los mismos beneficios que con la práctica de la natación, el ciclismo o la carrera, pero tiene menor riesgo de lesiones y requiere menos esfuerzo físico.

CUÁNDO SE DEBE CAMINAR

La caminata debe ser planeada teniendo en cuenta su programa dietético, los horarios y tipo de insulina que se administra.

- Si empieza a caminar una hora después de comer, no estaría de más tomar algo antes de empezar. Una comida rica en féculas es adecuada. Por ejemplo, zumo de fruta o pan.
- La glucosa es el principal alimento de los músculos; al mismo tiempo, el ejercicio libera insulina y mejora su acción haciéndola más eficaz. Ambas acciones pueden bajarle la glucemia.
- Sería conveniente controlar su glucemia unos 30 minutos antes de empezar y justo antes, así sabrá si sus niveles son estables o están bajando, y:

- Si los niveles son bajos, tome algún alimento. Una hipoglucemia puede provocarle calambres, temblores, debilidad o confusión, incluso horas después de haber finalizado.
- Si su glucemia en ayunas, o antes de la caminata, es superior a 300 mg/dl, independientemente del tipo de diabetes que padezca, no debe hacer ejercicio hasta que mejoren los resultados del control de glucemia.
- PARE INMEDIATAMENTE si nota signos de hipoglucemia. NO ESPERE, tome medio vaso de zumo de fruta, un refresco normal o tabletas de glucosa. Las hipoglucemias se deben tratar inmediatamente. Lleve siempre a mano zumos de fruta, refrescos con azúcar, preparados de glucosa, pasas o cualquier otra fuente de glucosa de acción rápida (sobres de azúcar, por ejemplo).

Mientras camine regularmente, deberá medirse la glucemia con mayor frecuencia.

Tenga en cuenta que:
- El tiempo de las caminatas debe estar en concordancia con la alimentación y la insulina.
- Se puede caminar después de haber comido.

La comida hará que los niveles de glucosa no bajen demasiado.

- El mejor momento para caminar y/o hacer ejercicio es entre 1 y 3 horas después de haber comido.
- Se debería evitar el ejercicio físico cuando la insulina está en el pico más alto de acción. Evitar el pico máximo de la acción ayudará a no tener bajadas indeseadas de glucosa.
- Debe aprender a bajar las dosis de insulina si es necesario cuando se realizan ejercicio y/o caminatas programadas, y a saber cuándo se llega al pico de acción más alto de la insulina que cada uno utiliza.

Ejercicio y raciones extras:
- En general, el ejercicio baja los niveles de glucosa; esto puede ser bueno o malo dependiendo de los niveles de glucosa con los que se parta en el momento de iniciar el ejercicio.
- Si tiene diabetes tipo 1 y el resultado de la prueba de glucosa antes de hacer ejercicio está por debajo de 100 mg/dl, el ejercicio podría bajar demasiado la glucosa. Por ello, debería tomar un extra de hidratos de carbono antes de comenzar y guardar más extras por si los necesita durante la práctica.

- Las personas con diabetes tipo 2 deberían limitar los hidratos de carbono para evitar el sobrepeso.
- Se recomienda ir preparado para tratar posibles bajadas de glucemia (llevar zumo o bebida azucarada, azúcar o cualquier otro tipo de alimento de acción rápida).

Las personas con diabetes de tipo 1 no deberían hacer ejercicio si la glucosa está por encima de 250-300 mg/dl.

- El ejercicio puede estar indicado sólo si, tras hacerse una tira de acetona, el resultado es negativo. Ayudará a bajarla.
- Si el resultado es positivo, indica que falta insulina, por lo que debería tomar medidas para bajar la glucemia poniendo unidades extras de insulina rápida.

El chequeo de cetona se realiza con tiras reactivas de cetona para determinar la presencia de cuerpos cetónicos en la orina.

Cómo realizar las caminatas

Intente que las caminatas sean programadas, controladas y regulares en el tiempo. No tendrá que esperar mucho para empezar a disfrutar de los numerosos beneficios de una mayor actividad física en general y de las caminatas en particular. En poco tiempo necesitará menos insulina o menos dosis de pastillas. Por ello, no dude en incorporar cuanto antes las caminatas de forma regular en su rutina diaria; aunque al principio le cueste, después tendrá grandes y visibles compensaciones.

Busque compañía o únase en algún grupo de caminantes formado en su localidad. Caminar acompañado tiene beneficios añadidos de socialización y convivencia.

Al comenzar cualquier actividad, hay que tener mucha paciencia y gran determinación para perseverar día a día. Continuidad y constancia son importantes para obtener resultados; de nada sirve caminar un día sí y cuatro no.

Cómo se debe caminar

El objetivo de la caminata no debería ser andar lo más rápido posible; ello podría conducir a estados de estrés contraproducentes. No obstante, el aumento progresivo del ritmo sí puede indicar el nivel de forma física que se va adquiriendo con el tiempo y el entrenamiento.

No trate de competir, su objetivo debe ser mejorar de forma progresiva el propio rendimiento y no caminar más lejos o más rápido que otra persona.

Es importante que cada cual encuentre el ritmo más adecuado a sus posibilidades, pero éste, tiene que ser siempre regular. Resulta menos cansado caminar despacio mucho tiempo que caminar rápido y tener que parar al poco rato para recobrar aliento.

Plantéese objetivos realistas, sobre todo al principio. Comience lentamente y aumente la distancia y/o la velocidad cada cierto tiempo si va notando que su forma física mejora.

Haga paseos largos y fáciles, y respire profundamente. Tenga con usted algún caramelo para proveerse de azúcar de acción rápida si es que lo necesita, y esté pendiente de la aparición de los síntomas de hipoglucemia. También lleve agua para hidratarse con frecuencia, sobre todo si hace calor.

Cuando finalice la caminata, examine sus pies para estar seguro de que no tiene ampollas ni rozaduras.

No olvide:

Antes de comenzar la caminata diaria, prepare el cuerpo para un ejercicio más intenso con un **calentamiento;** con ello también evitará lesiones.

En la fase del **ejercicio intenso**, la frecuencia de respiración y pulso aumentan, y a la vez tensión y glucemia disminuyen pasados 40 minutos; las calorías utilizadas son de lípidos acumulados, y por lo tanto el gasto calórico aumenta su eficiencia.

Tras este periodo de ejercicio intenso, es necesario hacer ejercicios de **vuelta a la calma** o enfriamiento, para que el cuerpo y el ritmo cardiaco vuelvan al estado inicial. Serán una serie de ejercicios lentos y estiramientos, con los que se evitarán, además, lesiones posteriores al ejercicio, manteniendo la elasticidad de los músculos.

Periodicidad
Ya se ha dicho que lo idóneo para obtener buenos resultados es caminar todos los días; lo mínimo estaría en 3 ó 4 días a la semana. Por cada día que no se camina se necesitan otros dos caminando para volver al estado físico que se tenía antes. Cuanto más frecuentemente camine, más rápidamente obtendrá resultados.

Duración
También se ha comentado que lo idóneo es caminar como mínimo entre 40 minutos y 1 hora;

con una intensidad entre moderada y fuerte, es decir, a velocidad superior a un ritmo de marcha convencional y, por supuesto, mayor que un paseo.

Es cierto que caminar a intensidades bajas y moderadas también tiene muchos beneficios tanto a corto como a largo plazo.

Intensidad

La intensidad del entrenamiento (pues eso es lo que hacemos al caminar diariamente) variará a lo largo del tiempo y estará determinada tanto por su forma física como por el estado de su enfermedad. Si no se tiene buena forma, no se exija mucho al principio; comience despacio y vaya aumentando tiempo y distancia a medida que vaya notando mejoría; haga caso de las recomendaciones de su médico.

Debe establecer la intensidad gradualmente, atendiendo al objetivo que desee conseguir (reducir peso, reducir azúcar en sangre, mejorar su resistencia, estado físico, salud en general...). Vigile su cuerpo, le informará de si se está excediendo en el esfuerzo; si nota algo anormal, pare, relájese y consulte a su médico.

Relacionado con lo anterior, se pueden realizar diferentes niveles de esfuerzo en la caminata. Los diferentes tipos de caminata están clasificados en relación con el nivel de intensidad exigido:

- **Suave:** Recomendado a principiantes, mayores y convalecientes. Su paso es lento, con un ritmo de entre **18 y 30 minutos el kilómetro.**
- **Moderada:** Es la más extendida entre quienes caminan. Recomendada a personas que quieran perder peso. Su paso es más rápido que el de la anterior, con un ritmo de entre **14 y 17 minutos el kilómetro.**
- **Fuerte:** Este es un nivel para personas que lleven mucho tiempo caminando. Su paso es muy rápido, con un ritmo de entre **10 y 13 minutos el kilómetro.**

No es necesario que usted realice constantemente el mismo tipo de caminata; puede pasar de un tipo a otro siempre que le apetezca o lo crea conveniente, lo importante es caminar con frecuencia sea cual sea el nivel de exigencia.

Para tener seguridad y control en el nivel de esfuerzo que tenemos en el entrenamiento diario, hay que tener en cuenta el ritmo y la frecuencia cardiaca, que serán los que nos ayuden a determinar si nos estamos exigiendo de-

masiado o si, por el contrario, hemos encontrado el ritmo más adecuado a nuestras posibilidades.

Para estar en un margen de seguridad, hay
que alcanzar entre el 70 y el 85% de la frecuencia máxima. Para conocer cuál es este valor, se
aplica la siguiente fórmula (Davison):

FRECUENCIA CARDIACA MÁXIMA: (220 - edad)

Consejos para caminar con buena técnica

- Camine derecho con la barbilla levantada, la
cabeza erguida, pero con el cuello relajado,
lo mismo que los hombros; éstos deben ir sin
tensión.
- Espalda recta y pecho elevado, tensionando
ligeramente el abdomen y los glúteos.
- Balancee los brazos; se deben mantener cer-
canos al cuerpo y doblados en un ángulo de
más o menos 90°.
- Las manos, semicerradas, deben ir relajadas
pero no flojas.
- Procure no sacar el trasero.
- Relaje la zona lumbar balanceando las caderas.
- El movimiento de las piernas debe ser suave
y nada mecánico.

Lista de control de los ejercicios para las personas con diabetes

Es aconsejable llevar un control de la actividad física que se realiza y de los cambios que se vayan notando en el organismo, por ello, debería llevar un diario (ver página 102) en el que anote:

- Duración.
- Glucemia antes, durante y después del ejercicio.
- Reacciones hipoglucémicas si las hubo.

Con esta información podrá medir el progreso que está haciendo y también evitar reacciones hipoglucémicas futuras. Usted se sentirá orgulloso de los progresos y cada día irá sintiéndose mejor físicamente y más saludable.

¿Y si no se hace ejercicio?

Es sabido que llevar una vida activa es aconsejable en general para todo tipo de personas, y por supuesto también para personas diabéticas. Las consecuencias del sedentarismo son conocidas: mayor riesgo de tener enfermedades coronarias, obesidad, flacidez y problemas respiratorios, entre otros.

PASOS A SEGUIR PARA EMPEZAR

Cuidado específico de los pies

Ya se ha mencionado que los pies son muy sensibles en las personas con DM, por ello incluimos recomendaciones específicas para su cuidado:

- Revise sus pies diariamente buscando áreas enrojecidas, magulladuras, cortes, ampollas, sequedad o grietas en la piel. No se olvide de mirar por debajo y entre los dedos. Presione suavemente y busque zonas doloridas o de mayor temperatura, porque esto puede indicar alguna lesión.
- Lávese los pies todos los días con jabón suave y séqueselos con cuidado, especialmente entre los dedos.
- Si la piel de sus pies está seca, aplique alguna crema hidratante. Si transpiran mucho, use polvos de talco.
- Utilice zapatillas blandas y bien ajustadas, a su medida, y calcetines limpios que no tengan arrugas.

- Córtese las uñas de los pies justo al borde del dedo. Si tiene dificultades de movilidad, pida a alguien que se las corte.
- Utilice piedra pómez para eliminar los callos y durezas.
- No emplee bolsas de agua caliente o dispositivos eléctricos para calentar sus pies.
- No tenga los pies dentro del agua durante mucho tiempo.
- No se corte los callos ni utilice productos farmacéuticos para eliminarlos; es mejor limárselos con el utensilio adecuado.
- No utilice calzado demasiado ajustado o muy desgastado. Tampoco calcetines demasiado apretados o ligas para sujetarlos, esto impide la circulación adecuada.

Consulte a su médico o al podólogo si usted tiene:
- Heridas punzantes, infectadas y/o que no se curan.
- Áreas enrojecidas (aunque no duelan) por debajo de los callos o zonas de piel seca.
- Uñas encarnadas, gruesas o callos que son difíciles de cuidar.

Es probable que no sienta dolor cuando se lastima los pies, lo que no quiere decir que la herida que se ha producido no requiera una atención adecuada. Lávela con un jabón suave y séquela con cuidado. Seguidamente aplique un antiséptico.

Sería aconsejable tener a mano los siguientes elementos para el cuidado de sus pies:
- Limas para uñas y callos
- Crema hidratante para piel seca
- Esparadrapo hipoalergénico y gasas
- Polvos para los pies
- Pomada antibiótica

Equipación

Elegir una equipación adecuada para caminar.

El calzado, determinante para personas con diabetes. En el apartado anterior hemos visto que hay que tener un cuidado extremo con los pies, por ello es muy importante elegir bien las zapatillas de deporte para caminar.
- Aunque tenga zapatos con los que se sienta cómodo, acostúmbrese al calzado deportivo con suela flexible y que sujete bien el pie.
- No utilice zapatillas de Tiempo Libre o calzado de "estilo deportivo" que son utilizadas

para la vida diaria; responden más a la moda
que a las necesidades deportivas, son las
menos indicadas para hacer deporte.
- No se canse de buscar zapatillas hasta encontrar las que más le convengan.
- La base donde va el talón debe ser suficientemente amplia y con amortiguación para el
impacto.
- No compre zapatillas que necesiten un tiempo para ceder, deben ser cómodas desde el
principio.

La ropa irá en función del clima:
- Las prendas tienen que proteger tanto del frío
como de la humedad, o ser lo suficientemente transpirables para que dejen evaporar el sudor sin perder sus características aislantes.
- Si hace frío, abríguese, pero no demasiado,
ya que si suda mucho podría deshidratarse.
En verano, una camiseta de algodón y una
falda o pantalón corto serán suficientes.
- En invierno use un sombrero o un gorro de
lana, y en verano una gorra o una visera para
mantenerse fresco.
- Tanto si camina de día como si lo hace por la
noche, es recomendable llevar alguna prenda
reflectante para hacerse más visible.

- Los calcetines deben adaptarse perfectamente al pie, para evitar que se formen arrugas que originen las molestas ampollas por rozamiento. Mejor si no tienen costuras y si están confeccionados con fibras naturales, ya que éstas absorben mejor el sudor ocasionado por el ejercicio.

Resumiendo:

- La ropa debe adaptarse al clima que haya en el momento de la caminata.
- El tejido de las prendas debe ser transpirable; el mejor es el de algodón.
- Se desaconseja cualquier prenda que no permita la sudoración (fajas de neopreno, plásticos). Sudar más no elimina grasas, sólo agua.
- Con frío utilice las prendas a modo de capas.
- Cuando haga calor, vista ropas ligeras de colores claros.
- Proteja su cabeza, manos y ojos siempre que lo crea necesario.

El calentamiento

Antes de iniciar la caminata o cualquier otra actividad física es necesario realizar un calentamiento previo para preparar al cuerpo.

El calentamiento está compuesto por movimientos que se realizan antes de un esfuerzo físico y así preparar a nuestro organismo para desarrollar un nivel de actividad mayor que el que normalmente se realiza.

Puede ser general, dirigido a la totalidad del cuerpo, o específico, sobre una parte determinada de él.

El principal objetivo del calentamiento es aumentar la temperatura corporal y preparar los músculos, tendones y articulaciones para el esfuerzo que se van a realizar durante la caminata. La frecuencia cardiaca también deberá ir aumentando progresivamente, lo que permitirá conseguir más fácilmente las pulsaciones a las que hayamos decidido caminar.

Los efectos más destacables del calentamiento son:

- A nivel orgánico, prepara al organismo, el aparato cardio-respiratorio, para conseguir un mayor rendimiento durante el esfuerzo evitando un cansancio prematuro.
- A nivel psicológico, la mente se prepara para autocontrolar el estado de ansiedad previo a la caminata y al esfuerzo a realizar.
- A nivel neuro-muscular, mejora la puesta a

punto del sistema nervioso que dirige las acciones del trabajo y mejora la respuesta nerviosa.

Entre otros efectos se encuentran:
- Aumenta la capacidad muscular, haciendo que la irritabilidad en los músculos sea menor.
- Influye sobre la coordinación, desarrollando las habilidades motrices.
- Mejora la elasticidad corporal y permite evitar lesiones como esguinces, rotura de fibras y contracturas, entre otras. También se produce una disminución de la viscosidad.
- Se da un incremento de la cantidad de oxígeno captado y dióxido de carbono eliminado, debido al mayor volumen respiratorio y cardíaco por minuto.
- Mejora el rendimiento: prestaciones de fuerza, resistencia, velocidad, flexibilidad y agilidad.
- Se incrementa la frecuencia cardiaca.
- Se produce una regulación de la presión sanguínea.
- Se intensifica el metabolismo, debido al mejor riego sanguíneo de la musculatura con oxígeno y sustancias nutritivas.

Además:

- Mejora la coordinación, el ritmo y la atención.
- Produce motivación y concentración
- Tras el calentamiento hay menor propensión a lesionarse.
- Se incrementa la capacidad de reacción.

Cómo calentar

El calentamiento debe realizarse paso a paso, por fases:

Primero, un calentamiento general para poner en marcha todos los sistemas funcionales del organismo; en él participan los grupos musculares más importantes.

Segundo, un calentamiento específico con ejercicios relacionados directamente con la musculatura que interviene en la caminata.

Duración y factores que intervienen en el calentamiento

La caminata, al ser un deporte que requiere menos esfuerzo que otros, no necesita un calentamiento de mucha intensidad, aunque nunca se debe dejar de realizar.

10 minutos bastarán para conseguir poner en funcionamiento el cuerpo. Además, se deben tener en cuenta factores como la edad y el grado

de preparación para determinar el nivel de intensidad requerido para el calentamiento:

- Niños, jóvenes y personas en buen estado físico necesitan menor tiempo para adaptarse al esfuerzo.
- Por la mañana se necesita más tiempo de calentamiento que por la tarde.
- Tambien influye la meteorología; cuando hace frío se necesita más tiempo.

El calentamiento se debe adecuar a las condiciones de cada persona. No todo el mundo tiene la misma capacidad para realizar algunos ejercicios; por ejemplo, las personas mayores con problemas en las articulaciones no podrán realizar determinados ejercicios y/o tendrán limitaciones para realizar otros.

Desarrollo del calentamiento

Los diferentes ejercicios del calentamiento se deben realizar de menor a mayor intensidad. Se comienza por los pies y se termina por los brazos. Las articulaciones se calentarán para facilitar su lubricación con el líquido sinovial. La respiración ha de ser reposada entre los ejercicios. Todos los movimientos se harán de suavemente y sin forzar. Entre ejercicio y ejercicio se caminará de forma suave.

A continuación detallamos algunos ejercicios que pueden servir de calentamiento, centrándonos en la parte inferior del cuerpo, aunque hay muchos otros que se pueden realizar para cualquier otra parte del cuerpo:

Tobillos
Deben calentarse intensamente para evitar torceduras y esguinces.

Ejercicio: Póngase en posición de brazos en jarras, con las manos en las caderas. Mantenga un pie apoyado con normalidad mientras que el otro se apoya con la punta e inicie movimientos giratorios a derecha e izquierda. 10 para cada lado. Repetir con el otro pie.

Gemelos
Están localizados en la parte posterior de las piernas. Su calentamiento evitará la fatiga y la fascitis plantar.

Ejercicio: Con los dos pies apoyados en el suelo, elevarse sobre las puntas y después sobre los talones, parándose unos segundos en cada posición. Repetir 10 veces.

Sóleo

Se localiza debajo de los gemelos. También debe calentarse para evitar la sobrecarga muscular y la fascitis plantar.

Ejercicio: De pie, coloque una de pierna hacia delante y la otra hacia atrás; haga el movimiento como para sentarse y, con el cuerpo ligeramente flexionado, sienta el peso de éste en la parte trasera de las rodillas. Mantenga la posición 10 segundos y después intercambie la posición de las piernas.

Rodillas

Son el punto flaco de muchas personas. Es importante calentarlas para evitar dolores, tendinitis y lesiones de menisco, entre otras.

Ejercicio: De pie, coloque los pies juntos y flexione las rodillas. En esta posición, realice semiflexiones de las piernas llevando los brazos de atrás a adelante balanceando el cuerpo ligeramente. Repítalo entre 10 y 15 veces.

Cuádriceps

Se encuentran en la parte delantera del muslo. Este calentamiento previene tirones y contracturas.

Ejercicio: Apóyese con la mano derecha contra una pared, un árbol o un compañero y con la mano izquierda lleve el pie izquierdo hacia su trasero. La rodilla debe apuntar directamente hacia el suelo. Mantenga esta posición durante unos segundos y repita el ejercicio con el pie y la mano derecha.

Isquiotibiales

Se encuentran el la parte trasera del muslo. Suelen acumular las tensiones producidas por malas posturas y los problemas cervicales.

Ejercicio: Apoye una pierna sobre un lugar que le permita mantener un ángulo de 90° con las dos piernas. Incline su cuerpo sobre la que ha elevado hasta tocar con las manos la punta de los dedos. Mantenga esta posición 10 segundos y cambie de pierna.

Abductores
Se encuentran en la parte interior del muslo.

Ejercicio: De pie, con las manos en la cintura y las piernas separadas. Dirija la punta del pie de una pierna hacia fuera. Incline el cuerpo hacia la otra doblando ligeramente la rodilla. El tronco debe quedar perpendicular al suelo. Mantenga esta posición 10 segundos y cambie de pierna.

VUELTA A LA CALMA

Del mismo modo que antes de iniciar una caminata es esencial el calentamiento, al finalizarla deben realizarse estiramientos con el objetivo de relajar los músculos y de normalizar la respiración y la frecuencia cardiaca.

El objetivo es favorecer la disminución del tono muscular y facilitar el riego sanguíneo. Como ya se ha mencionado, repercutirá positivamente en la recuperación muscular.

Es contraproducente parar de golpe y terminar el ejercicio sin descongestionar la musculatura, ya que podrían aparecer tirones, contracturas y dolores musculares.

Realizar estiramientos suaves ayudará a evitar todos esos problemas, además de dotar al cuerpo de mayor flexibilidad en los músculos y las articulaciones, componente importante de la condición física tanto en rendimiento de los sistemas involucrados en el movimiento, como en la salud de éstos.

Técnica de estiramiento

El elemento central del estiramiento es la correcta ejecución de los ejercicios. Se realizarán estiramientos estáticos con tensión muscular mantenida. No se debe sentir dolor, sólo la sensación de estiramiento. La actitud debe ser relajada, concentrándose en los músculos que están siendo estirados.

Hay que evitar la brusquedad, para tomarse con calma la ejecución del ejercicio. La respiración debe ser lenta y controlada. La mente se centrará en los movimientos, sensaciones y tiempo de ejecución de cada estiramiento.

El tiempo en el estado de tensión del estiramiento será de entre 10 y 20 segundos; se percibirá cómo la tensión disminuye con el paso de los segundos.

La práctica diaria permitirá ir aumentando progresivamente la flexibilidad. Ésta también puede variar día a día. No se deben sobrepasar los propios límites.

Ejercicios de estiramiento

Los ejercicios descritos a continuación se pueden ejecutar también en el calentamiento. Partiendo de la idea de que las caminatas se realizan al aire libre, se han seleccionado ejercicios para hacerlos de pie, por la complicación que puede suponer no encontrar superficies que permitan hacerlos en el suelo.

Gemelos y soleos
Ejercicios:

• De pie, apoyado en una pared (o en un banco), flexione las rodillas sin elevar los talones del suelo. Mantenga la posición durante 10-15 segundos.

• De pie, apoyado en la pared (o en un banco), coloque una pierna delante de la otra, con la de detrás extendida, y el talón pegado al suelo. Mantenga la posición 10-15 segundos. Realice el ejercicio cambiando de pierna.

Parte posterior de la rodilla.

Cintilla iliotibial.

Ejercicio: Manteniéndose de pie, cruce las piernas extendidas una por delante de la otra. Flexione la cintura hacia delante para buscar los pies con las manos.

Levantamiento de las rodillas al pecho

Ejercicio: Recueste la espalda contra una pared. Mantenga la cabeza, las caderas y los pies en línea recta. Utilizando los brazos, levante su rodilla hacia el pecho y mantenga la posición 10 segundos; después repita el ejercicio con la otra pierna.

Pretibiales

Se encuentran en la parte anterior y externa de las piernas. Su implicación en la caminata es importante. Serán los primeros en sentir el entrenamiento mostrándose doloridos. Por ello es muy importante su estiramiento.

Ejercicio: De pie, cruce una pierna sobre la otra. Apoye la que tiene delante con el empeine, de modo que los dedos apunten hacia detrás de usted. Flexione las rodillas, de modo que la rodilla de la pierna que tiene debajo presione sobre la pantorrilla de la pierna que está por encima. Mantenga la posición 10 segundos y cambie de pierna.

Cuádriceps

Ejercicio: De pie; si fuera necesario, se puede apoyar sobre algo que permita mantener un

buen equilibrio. Sujétese el tobillo de una de las piernas y lleve el pie hacia atrás, flexionando la rodilla. Para que el ejercicio sea más efectivo, es importante conseguir que el talón llegue lo más cerca posible del glúteo. Mantenga la posición 10 segundos y cambie de pierna.

Isquiotibiales

Ejercicio: Empezar de pie, con los pies juntos y paralelos, dar un pequeño paso (la cara interna del talón del pie que avanza rozaría la cara interna del dedo gordo del pie que no se mueve); a continuación, y sin doblar las rodillas, deje caer el tronco hacia delante (brazos incluidos).

RITMO Y FRECUENCIA CARDIACA

La frecuencia cardiaca es el número de latidos que realiza el corazón en un minuto. Esta frecuencia puede variar por diversos factores, como la edad, el sexo, el esfuerzo realizado y otros.

Hay *taquicardia* cuando la frecuencia de base (en reposo, tomada después de levantarse) es mayor que la normal, y *bradicardia,* cuando ésta es menor. En el adulto, se considera bradicardia una frecuencia cardiaca menor que 60 lpm y taquicardia, una mayor que 100 lpm.

Tablas aproximativas de frecuencia cardiaca en reposo:				
Hombres				
Edad	Mal	Normal	Bien	Muy bien
20-29	86+	70-84	62-68	60 o menos
30-39	86+	72-84	64-70	62 o menos
40-49	90+	74-88	66-72	64 o menos
50+	90+	76-88	68-74	66 o menos
Mujeres				
Edad	Mal	Normal	Bien	Muy bien
20-29	96+	78-94	72-76	70 o menos
30-39	98+	80-96	72-78	70 o menos
40-49	100+	80-98	74-78	72 o menos
50+	104+	84-102	76-82	74 o menos

Es importante conocer el comportamiento de la frecuencia cardiaca, comúnmente utilizada para controlar la intensidad del entrenamiento. Está comprobado que la frecuencia cardiaca y el máximo consumo de oxígeno –la capacidad que tiene el organismo de transportar, utilizar y distribuir eficientemente el oxígeno hasta los músculos, para efectuar trabajo mecánico en un minuto– tienen una correlación importante.

Es diferente la respuesta de las personas que realizan ejercicio físico y la de las que no:

- Generalmente, la persona que hace deporte posee una frecuencia cardiaca en reposo menor que la que no se mueve.
- También, a misma intensidad de trabajo, quien realiza una actividad física cotidiana tendrá una frecuencia menor que quien no la realiza.
- Una misma persona, a medida que mejora su condición física por el entrenamiento, tendrá poco a poco la frecuencia cardiaca más baja a igual esfuerzo realizado.

Cómo medir la frecuencia cardiaca

Se debe controlar la frecuencia cardiaca antes, durante y después de la caminata. Tomar el pulso es la manera más sencilla de hacerlo; aunque al principio resulte complicado, con el tiempo se convertirá en parte de la rutina diaria.

El pulso puede tomarse de forma manual, utilizando los dedos índice y corazón; o automática, con pulsómetros. Los lugares adecuados para hacerlo de forma manual son:

- En la **arteria radial** que pasa por la muñeca: Gire la muñeca derecha con la palma de la mano hacia arriba. Coloque los dedos índice y corazón a 2,5 cm de la muñeca. Deberá sentir el latir de la arteria en la punta de los dedos. Cuando se haya encontrado el pulso, empiece a contar 0 para el primer latido, y siga 1, 2, 3... hasta que pasen 15 segundos. Multiplique las pulsaciones obtenidas por 4 para saber el total de pulsaciones por minuto.

- En la **arteria carótida** que pasa por el cuello: Coloque los dedos índice y corazón sobre los músculos que bajan por el cuello. Deberá sentir el latir de la arteria en la punta de los dedos. Cuando se haya encontrado el pulso, empiece a contar 0 para el primer latido, y siga 1, 2, 3, ... hasta que pasen 15 segundos. Multiplique las pulsaciones obtenidas por 4 para saber el total de pulsaciones por minuto.

- Medición automática con **pulsómetro:** El pulsómetro que se utiliza para andar o correr está compuesto por dos dispositivos: una especie de reloj que se lleva en la muñeca y una banda que se coloca en el pecho. Esta última es la encargada de captar las pulsaciones del corazón y transmitirlas al aparato de la muñeca.

Cómo controlar la intensidad del entrenamiento

Según la intensidad con la que se entrene, la frecuencia cardiaca será diferente y se obtendrán distintos resultados. Dependiendo del objetivo que se quiera conseguir, así será la intensidad y el esfuerzo a realizar en la caminata.

No es lo mismo querer mantener la forma que perder peso o mejorar la condición aeróbica.

Al comenzar un plan de entrenamiento, debe asegurarse de que trabaja a una intensidad correcta con respecto a su condición física y edad, ya que no es lo mismo caminar al 40% de la frecuencia cardiaca máxima que al 65%. Según el objetivo marcado, se optará por una u otra.

Para calcular la frecuencia cardiaca de entrenamiento se utiliza la fórmula general:

FCE = 220 - edad x % de intensidad elegida

Edad	FC de entrenamiento			FC máxima
	60%	70%	80%	
20	120	140	160	200
25	117	137	156	195
30	114	133	152	190
35	111	130	148	185
40	108	126	144	180
45	105	123	140	175
50	102	119	136	170
55	99	116	132	165
60	96	112	128	160
65	93	109	124	155
70	90	105	120	150
75	87	102	116	145
80	84	98	112	140

UNA PROPUESTA DE ENTRENAMIENTO

Serán 4 semanas de entrenamiento diario, que servirán para adquirir forma y le ayudarán a adquirir el hábito de practicar actividad física de modo cotidiano.

El plan no finaliza tras la cuarta semana; llegado ese momento, estará preparado para afrontar nuevos retos y objetivos de su estado físico (hacer el recorrido en menos tiempo; practicar otros deportes que sean más exigentes con el esfuerzo; seguir perdiendo peso...).

Insistimos: antes de comenzar hágase una revisión. Su médico debería examinar lo siguiente:

- Tensión arterial
- Niveles de colesterol en sangre
- Niveles de hemoglobina
- Estado del corazón, del sistema circulatorio y del sistema nervioso
- Función renal
- Ojos
- Pies

Semana 1 - ENTRENAMIENTO SUAVE

Comprendida entre un 50 y un 60% de la frecuencia cardiaca máxima. La caminata en esta zona está recomendada para principiantes, mayores y convalecientes, o quienes tienen algún problema físico o de salud. Su paso es lento, con un ritmo de entre 18 y 30 minutos el kilómetro.

EJERCICIO:

Lunes, martes y miércoles
CALENTAMIENTO: 10 minutos
CAMINATA:

       Inicio: 10 minutos despacio
       Medio: 10 minutos al 50% FCM
       Final: 5 minutos despacio
VUELTA A LA CALMA/ESTIRAMIENTOS: 5 minutos
Total: 40 minutos

Jueves, viernes, sábado y domingo
CALENTAMIENTO: 10 minutos
CAMINATA:

       Inicio: 10 minutos despacio
       Medio: 10 minutos al 50% FCM
       Final: 10 minutos despacio
VUELTA A LA CALMA/ESTIRAMIENTOS: 5 minutos
Total: 45 minutos

Semana 2 - Entrenamiento moderado

Comprendida entre un 60 y un 70% de la frecuencia cardiaca máxima. La caminata en esta zona está recomendada para la mejora de la condición física, la salud y controlar el peso.

Ejercicio:

Lunes, martes y miércoles
Calentamiento: 10 minutos
Caminata:

> Inicio: 5 minutos despacio
> Medio: 20 minutos al 60% FCM
> Final: 10 minutos despacio

Vuelta a la calma/estiramientos: 5 minutos
Total: 50 minutos

Jueves, viernes, sábado y domingo
Calentamiento: 10 minutos
Caminata:

> Inicio: 5 minutos despacio
> Medio: 20 minutos al 60% FCM
> Final: 15 minutos despacio

Vuelta a la calma/estiramientos: 5 minutos
Total: 55 minutos

Semana 3 - ENTRENAMIENTO MEDIO

Comprendida entre un 70 y un 80% de la frecuencia cardiaca máxima. La caminata en esta zona está recomendada para la mejora de la condición física, la salud y controlar el peso.

Es aconsejable realizar la caminata a esta intensidad durante al menos 45 minutos. En los primeros 20 ó 25 minutos, se utilizan como combustible los hidratos de carbono; pasado este tiempo se comienza a quemar grasas. Esta intensidad también puede utilizarse para mejorar la capacidad aeróbica en personas que no lleven muchos meses de entrenamiento.

Es la más extendida entre las personas que caminan. Está recomendada para perder peso. Su paso es de entre 14 y 17 minutos el kilómetro.

EJERCICIO:

Lunes, martes y miércoles

CALENTAMIENTO: 10 minutos

CAMINATA:

> Inicio: 5 minutos despacio
>
> Medio: 20 minutos al 70% FCM
>
> Final: 20 minutos despacio

VUELTA A LA CALMA/ESTIRAMIENTOS: 5 minutos

Total: 60 minutos

EJERCICIO:

Jueves, viernes, sábado y domingo

CALENTAMIENTO: 10 minutos

CAMINATA:

Inicio: 5 minutos despacio

Medio: 25 minutos al 70% FCM

Final: 15 minutos despacio

VUELTA A LA CALMA/ESTIRAMIENTOS: 5 minutos

Total: 60 minutos

Semana 4 - ENTRENAMIENTO FUERTE

Comprendida entre un 80 y un 90% de la frecuencia cardiaca máxima. La caminata en esta zona es efectiva para la mejora del sistema cardiovascular y para las personas que realizan una actividad física regular. En este caso la degradación de los hidratos de carbono es mayor y más rápida que en la caminata de intensidad moderada.

Se debe tener en cuenta que caminar por debajo de la frecuencia cardiaca de entrenamiento no resulta eficaz a corto plazo, pero caminar por encima de su umbral puede ser peligroso.

EJERCICIO:

Lunes, martes y miércoles

CALENTAMIENTO: 10 minutos

CAMINATA:

> Inicio: 5 minutos despacio
> Medio: 25 minutos al 80% FCM
> Final: 15 minutos despacio

VUELTA A LA CALMA/ESTIRAMIENTOS: 5 minutos

Total: 60 minutos

Jueves, viernes, sábado y domingo

CALENTAMIENTO: 10 minutos

CAMINATA:

> Inicio: 5 minutos despacio
> Medio: 30 minutos al 80% FCM
> Final: 20 minutos despacio

VUELTA A LA CALMA/ESTIRAMIENTOS: 5 minutos

Total: 70 minutos

Como ha podido comprobar, se han incluido caminatas todos los días de la semana, ya que es la periodicidad idónea; pero si decide no entrenar diariamente, elija usted mismo qué día o días descansa.

Recuerde que su mejor aliada es la constancia; de nada servirá caminar 1 día sí y 5 no. Plantéese caminar un mínimo de 4 días a la semana.

No se deje vencer por la pereza. El frío o la lluvia no son impedimento suficiente para dejar de caminar; abríguese, póngase un gorro o lleve un paraguas. También puede caminar aprovechando los centros comerciales, que suelen ser espaciosos y tener la temperatura controlada tanto si en el exterior hace frío como calor.

Además de lo dicho, **no olvide las siguientes normas de seguridad:**

- Vaya siempre identificado.
- Camine en compañía, mejor en grupo, así se asegura de que siempre le acompaña alguien.
- Lleve siempre suplementos de hidratos de carbono.
- Hágase un análisis antes y después de las caminatas.
- Esté siempre suficientemente hidratado.
- Utilice la equipación correcta, siempre acorde con el clima.
- Evite las horas de más calor en verano.
- Las personas que se tratan con insulina tienen, además, que:
  - Estudiar si deben reducir la dosis de insulina antes de caminar.
  - nyectarse la insulina en el abdomen.
  - Evitar el ejercicio durante la fase de máxima acción.

Cuadrante de monitorización diaria

Finalmente, le sugerimos un cuadrante de monitorización diaria (ver página siguiente) en el que, como puede ver, podrá ir rellenando:

- En la casilla SEMANA el número de semana desde la primera en la que comience la práctica de ejercicio.
- En ACTIVIDAD anote el tipo de ejercicio, por si combina varias actividades (andar, correr, jugar al pádel...).
- Siguen casillas para apuntar las mediciones de glucosa.
- La FRECUENCIA CARDIACA le servirá para monitorizar sus avances en forma física –a menor frecuencia, mejor estado–.
- En TIEMPO apunte cuánto dura la actividad.
- El apartado INCIDENCIAS queda para todo aquello que pudiera ocurrirle (hipoglucemia, molestias en los pies, sudoración fría, mareo o cualquier otra cosa significativa).

SEMANA	DÍA	ACTIVIDAD	GLUCOSA ANTES	GLUCOSA DESPUÉS	FRECUENCIA CARDIACA	TIEMPO	INCIDENCIAS
	Lunes						
	Martes						
	Miércoles						
	Jueves						
	Viernes						
	Sábado						
	Domingo						

OTROS TÍTULOS

Guía de bolsillo. Para adelgazar caminando
Fe Robles, Kika Escobar y Natalia Lazcano

Andar es vivir +
Fe Robles, Kika Escobar y José Cano

Ponerse en forma caminando
Therese Iknoian

Caminar y adelgazar
Les Snowdon y Maggie Humphreys

Guía de bolsillo. Iniciación a la marcha nórdica (Nordic Walking)
Ulrich Pramann y Bernd Schäufle

Caminar con podómetro. Programa de 6 semanas
Mark Fenton, David R. Basset Jr. y Tracy Teare

Guía completa del caminar
Maggie Spilner

Diabetes y ejercicio físico
Sheri Colberg

Si desea más información sobre éstos y otros títulos publicados
por Ediciones Tutor, consulte nuestra página web:
www.edicionestutor.com